Hirokazu Sato

12 Simple Etudes
12 Simple Songs

for guitar solo

ギターソロのための

12のシンプル・エチュード
12のシンプル・ソング

佐藤弘和 作曲

GG606

(株) 現代ギター社

GENDAI GUITAR CO.,LTD.
1-16-14 Chihaya, Toshima-ku, Tokyo, Japan

シンプル・エチュードとシンプル・ソングに寄せて

まず、このささやかな音楽の捧げものが皆様の元に届けられることを感謝‼

　さて、この《シンプル・エチュード》と《シンプル・ソング》は、何らかの教育的意図をもって書かれた曲集と言えるでしょう。しかし、これらをただ弾いたから上達するという、短絡的な数式が成り立つとは限らないとも言えます。なぜなら、これらは自分自身の演奏が書かれた楽譜の通りになっているかを自分で確認しながら弾くための、"音楽表現"の曲集だからです。そういう意味では、初心者よりも中・上級者が自分の弾き方を見つめながら音楽表現を模索するために一役買えたらという思いがあります。

　テクニック至上主義の問題点は、機械的な技巧の先に個々の表現としてのテクニックが養われていくという要素を見落としてしまうこと。常にテクニックは、個人がどう弾くか、そしてどう弾きたいかというベースに則った成長が必須だと思うのです。先を見れば個々の可能性たるや計り知れないものがあります。しかし、初めの数歩はごく一般的なことの確認作業です。その確認作業はシンプルなものの中でこそ最大限に意識できます。そう思いませんか？

　テクニックとは言え、音楽を聴かせるテクニックであってほしい。逆を言えば、テクニックを聴かせる音楽でないものを、もっと音楽的な意味でテクニカルに表現してほしい。まさに"音楽表現のテクニックを見直す"という基本的な理念に基づいた曲集がこれらの「シンプル」シリーズです。

　巨匠ブローウェルの一連の《シンプル・エチュード》も、より音楽的に高度な範例ですが、同様な趣旨があるでしょう。しかし、僕の感覚だと、学習者が多少背伸びしないといけない音楽のような気がします。ある意味、より庶民的（日本人的？）な、もっとわかる音楽。僕が素直にわかりやすいと感じるラインの音楽が、この曲集に表現されているのではないかと思っています。

　ちなみに《シンプル・エチュード》《シンプル・ソング》の各曲とも、下記のようなテーマを持っています。

第1番　単音
第2番　2声
第3番　アルペジョ
第4番　和声
第5番　スラー
第6番　フルコード
第7番　ハーモニックス
第8番　スタッカートとレガート
第9番　長調と短調
第10番　fとp（強弱）
第11番　いろいろな拍子とテンポ
第12番　自分の解釈（総合）

皆様のお役に立てることを願いつつ。

2009年8月
佐藤弘和

12 Simple Etudes
for guitar solo

Hirokazu Sato
(2002/2009)

No.2

12 Simple Etudes
for guitar solo

Hirokazu Sato
(2002/2009)

No.3

12 Simple Etudes
for guitar solo

Hirokazu Sato
(2002/2009)

No.4

12 Simple Etudes
for guitar solo

Hirokazu Sato
(2002/2009)

No.5

12 Simple Etudes
for guitar solo

Hirokazu Sato
(2002/2009)

No.6

12 Simple Etudes
for guitar solo

Hirokazu Sato
(2002/2009)

No.7

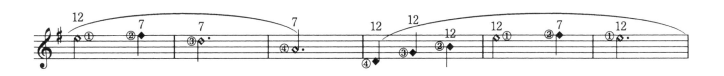

※ 全曲ナチュラル・ハーモニックスで演奏する(響きは残す)

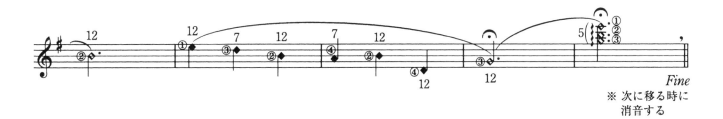

Fine
※ 次に移る時に消音する

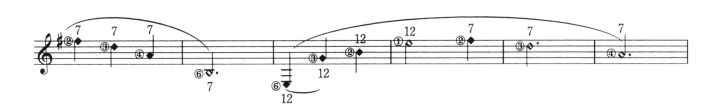

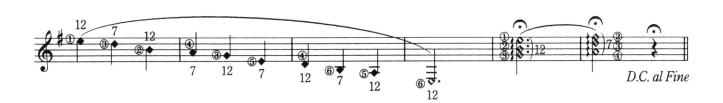

D.C. al Fine

12 Simple Etudes
for guitar solo

Hirokazu Sato
(2002/2009)

No.8

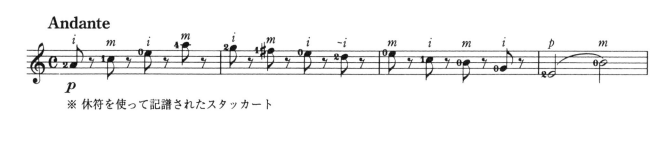
※ 休符を使って記譜されたスタッカート

※ レガートに

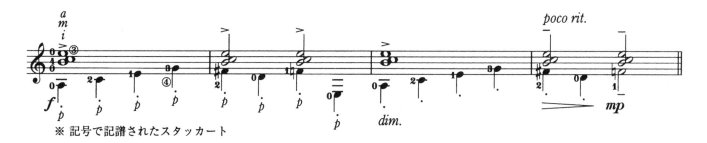
※ 記号で記譜されたスタッカート

※ 上声部はレガートに

※ 下声部のみスタッカートにする

12 Simple Etudes
for guitar solo

Hirokazu Sato
(2002/2009)

No.9

12 Simple Etudes
for guitar solo

Hirokazu Sato
(2002/2009)

No.10

12 Simple Etudes
for guitar solo

Hirokazu Sato
(2002/2009)

No.11

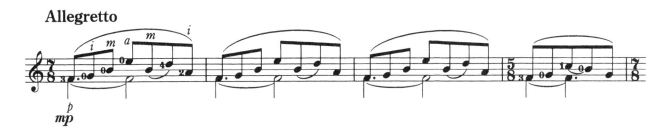

12 Simple Etudes
for guitar solo

Hirokazu Sato
(2002/2009)

No.12

Hirokazu Sato

12 Simple Etudes
12 Simple Songs

for guitar solo

12 Simple Songs
for guitar solo

Hirokazu Sato
(2002/2009)

No.1

12 Simple Songs
for guitar solo

No.2

Hirokazu Sato
(2002/2009)

Allegretto alla "swing"

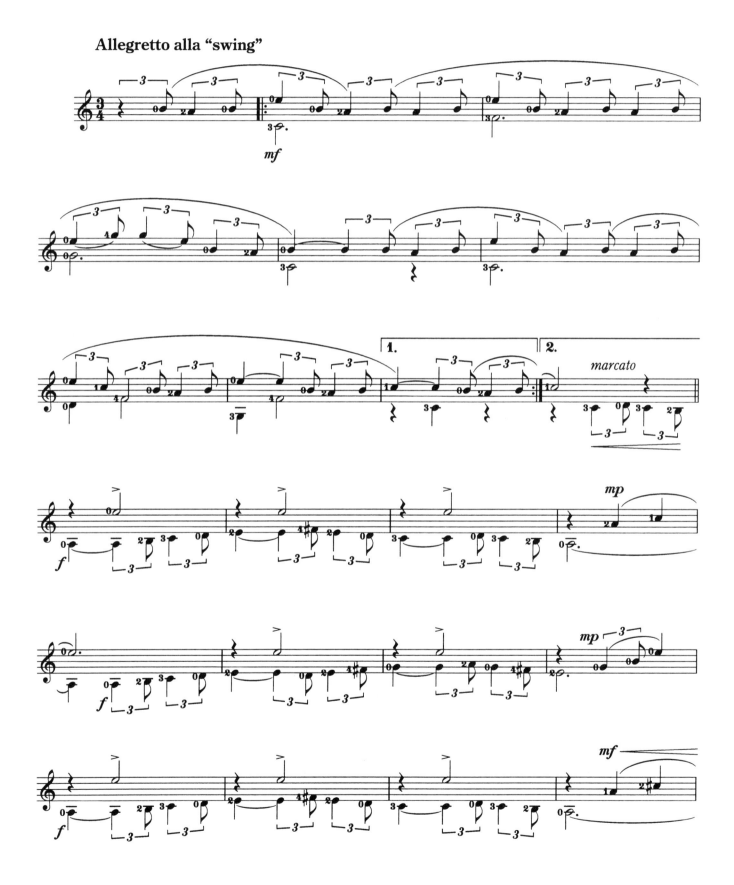

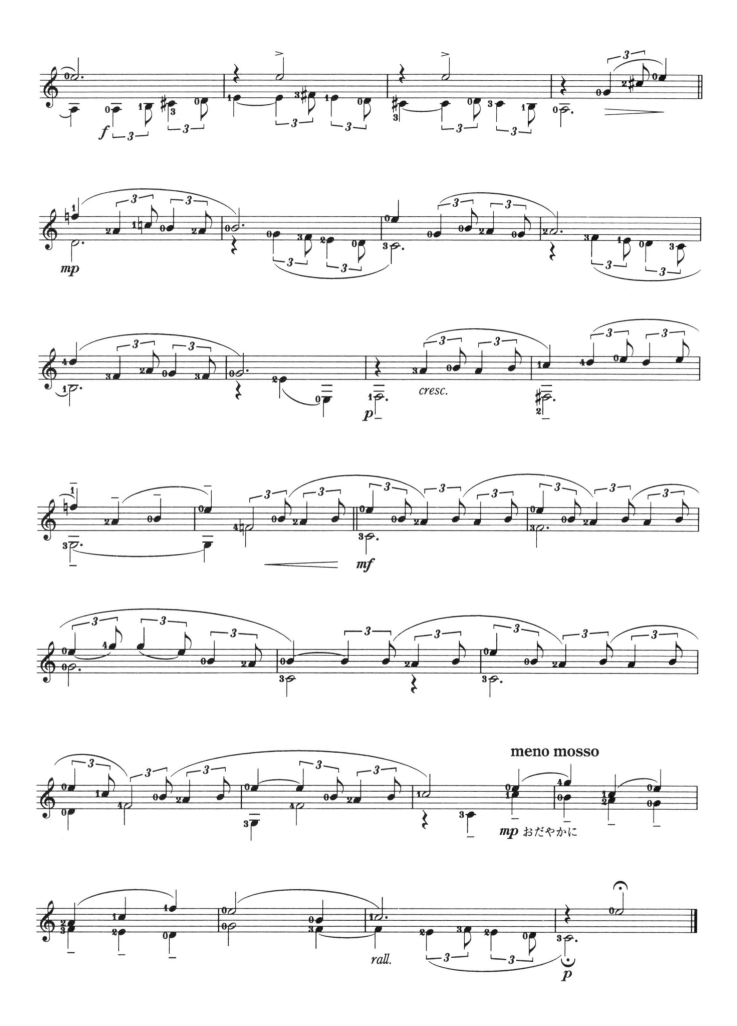

12 Simple Songs
for guitar solo

Hirokazu Sato
(2002/2009)

No.3

12 Simple Songs
for guitar solo

Hirokazu Sato
(2002/2009)

No.4

12 Simple Songs
for guitar solo

No.5

Hirokazu Sato
(2002/2009)

12 Simple Songs
for guitar solo

Hirokazu Sato
(2002/2009)

No.6

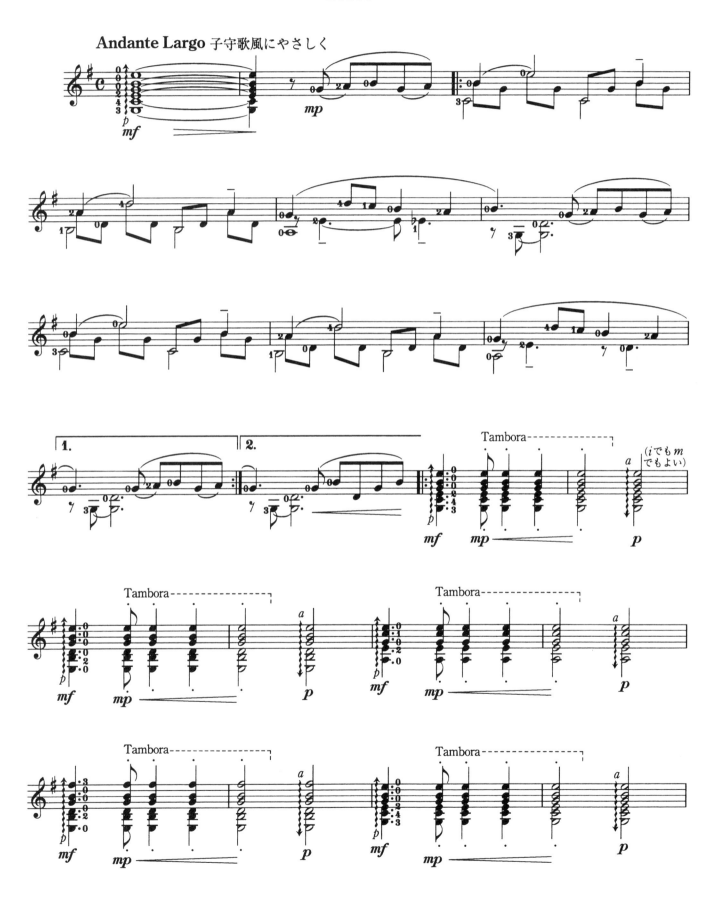

12 Simple Songs
for guitar solo

Hirokazu Sato
(2002/2009)

No.7

12 Simple Songs
for guitar solo

Hirokazu Sato
(2002/2009)

No.8

12 Simple Songs
for guitar solo

Hirokazu Sato
(2002/2009)

No.9

12 Simple Songs
for guitar solo

Hirokazu Sato
(2002/2009)

No.10

12 Simple Songs
for guitar solo

Hirokazu Sato
(2002/2009)

No.11

12 Simple Songs
for guitar solo

Hirokazu Sato
(2002/2009)

No.12

Tempo di Milonga

作曲者プロフィール／Profile

1966年青森県弘前市生まれ。14歳よりギターを、そしてほとんど同時期に作曲も独学で始める。ピアノを北岡敦子、波多江啓子、工藤勝衛各氏に師事。弘前大学教育学部音楽科卒業。作曲を島 一夫に師事。上京し、ギターを渡辺範彦に師事。1990年第21回新人賞選考演奏会（現クラシカルギターコンクール）で第2位入賞。同年、作曲で〈ピアノのためのロンド〉がPTNAヤングピアニスト・コンペティションF級課題曲に採用。〈F.タレガのラグリマによる変奏曲〉が、第1回ピアノデュオ作曲コンクールB部門入賞。その後、ギターを永島志基に師事。'91年カンマーザール立川にてデビューリサイタルを行なう。この頃からギター作曲・編曲作品を『現代ギター』誌上に多数発表。曲集として、『佐藤弘和作品集〜秋のソナチネ』『季節をめぐる12の歌』『ギター四重奏のための20歳の頃』『G.フォーレ／ドリー（編曲）』『昔の歌〜ギターのための22章（編曲）』『ギターソロのためのクラシカル・クリスマス〜21のクリスマスの歌（編曲）』『カルカッシ／原典版 ギターのための25のエチュードOp.60（校訂）』『風の間奏曲〜48のやさしい小品集』『佐藤弘和作品集〜青空の向こうに』『音楽のエッセイ〜ギターソロのための24の小品集』『音楽の花束〜マンドリンとギターのための組曲』などを現代ギター社より出版。小品〈素朴な歌（シンプル・ソング）〉がギタリスト小川和隆、福田進一、大沢正雄にCD録音されたのをはじめ、アマチュア諸氏に愛好される。 1998年ギタリスト村治佳織のCD『カヴァティーナ』に収録された〈マイ・フェイバリット・シングス〉〈コーリング・ユー〉のアレンジを手がける(共編B.スターク)。2006年NHKニューイヤーオペラの幕間で演奏されたフルート＆ギター（鈴木大介）のデュオ曲、2008＆09年NHK-FM『きままにクラシック』番組内で演奏されたアンサンブル曲のアレンジを手がける。村治佳織によるCD、2009年『ポートレイツ』、2010年『ソレイユ』、2011年『プレリュード』にアレンジ作品を多数提供、好評を得る。また、2009年5月より自身の作品の回顧シリーズ『佐藤弘和ギター作品展』を通算6回(vol.1 合奏、vol.2 ソロⅠ、vol.3 デュオ、vol.4 他楽器とのアンサンブル、vol.5 ソロⅡ、vol.6 プロギタリストによる代表作演奏会)開催。2010年からはアンサンブルを中心としたコンサートシリーズを展開。CDに『佐藤弘和作品集1〜秋のソナチネ・素朴な歌』、『佐藤弘和作品集2〜季節をめぐる12の歌』、DVD『佐藤弘和ギター合奏作品展』、楽譜その他に、『ベイビーズ・ソング1〜3集』『山と風と湖と』『花曲』『田園組曲』『森の中へ青い花を探しに』など多数。 ギター曲作曲のモットーは「弾き易くわかり易くメロディックであること」。
2016年12月22日逝去。（文中敬称略）

佐藤弘和
ギターソロのための
12のシンプル・エチュード
12のシンプル・ソング

GG606

定価［本体2,000円＋税］

Hirokazu Sato
12 Simple Etudes
12 Simple Somgs

2017年10月30日初版発行
発行元 ● 株式会社 現代ギター社
〒171-0044 東京都豊島区千早1-16-14
TEL03-3530-5423　FAX03-3530-5405
無断転載を禁ず
表紙・装丁 ● 松田陽子（株式会社スプーン）
楽譜浄書 ● 神野浄書技研
印刷・製本 ● シナノ印刷 株式会社
コード番号 ● ISBN 978-4-87471-606-9 C3073 ¥2000E

© Gendai Guitar Co., Ltd.
1-16-14 Chihaya, Toshima-ku, Tokyo 171-0044, JAPAN
http://www.gendaiguitar.com
1st edition : October 30th, 2017
Printed in Japan

楽譜や歌詞・音楽書などの出版物を権利者に無断で複製（コピー）することは、著作権の侵害（私的利用など特別な場合を除く）にあたり、著作権法により罰せられます。
また、出版物からの不法なコピーが行なわれますと、出版社は正常な出版活動が困難となり、ついには皆様方が必要とされるものも出版できなくなります。
音楽出版社と日本音楽著作権協会（JASRAC）は、著作者の権利を守り、なおいっそう優れた作品の出版普及に全力をあげて努力してまいります。どうか不法コピーの防止に、皆様方のご協力をお願い申し上げます。

（株）現代ギター社
（社）日本音楽著作権協会